Lichterketten selbst gemacht

Licht – das ist Balsam für die Seele. Mit unseren stimmungsvollen Lichterketten schaffen Sie eine warme und behagliche Atmosphäre in Ihrer Wohnung. Passend zu den vielfältigen Wohnstilen der heutigen Zeit zeigen wir Ihnen viele unterschiedliche Lichterketten – von romantisch verspielt bis schlicht elegant.

Setzen Sie besondere Akzente mit orientalischen Spitztüten als dekorative Lichtquelle im Schlafzimmer oder verzaubern Sie Ihr Bad mit lustigen Fischen. Vielleicht erscheint die Küche mit den kunterbunten Streifen gleich viel freundlicher und wie schön schläft es sich ein, wenn die frechen Sternchen über dem Kinderbettchen leuchten.

Wir wünschen gutes Gelingen und viel Spaß beim Anfertigen Ihrer Lichterketten.

Ihre

Marion Vogel und Martina Schröder

Die Motive lassen sich in folgende Schwierigkeitsgrade unterteilen:

● ○ ○ einfach ● ● ○ etwas schwieriger ● ● ● anspruchsvoll

IHRE GRUND-AUSSTATTUNG

- Tonpapier in Weiß, 80 g/m², oder Transparentpapier in Weiß, 115 g/m²
- Bleistift
- wasserfester Filzstift in Schwarz
- Lineal
- Radiergummi
- Schere
- Cutter und Schneideunterlage
- Lochzange
- Seitenschneider
- UHU Alleskleber Kraft
- Heißkleber
- transparenter Klebefilm
- doppelseitiges, transparentes Klebeband
- Abstandsklebeband, 5 mm stark
- Sprühkleber
- Silberdraht, ø 0,25 mm
- Haarpinsel

Genaue Materialangaben sind bei den jeweiligen Motiven angegeben. Die Klebstoffe werden in den einzelnen Materiallisten nicht mehr aufgeführt.

So wird's gemacht

Windowcolor

Vorlage unter die Mobilefolie legen, Konturen mit der Konturenfarbe aufmalen. Nach dem Trocknen die einzelnen Felder ausmalen und nach einer Trocknungszeit von ca. zehn Stunden die Motive konturennah ausschneiden und weiter verarbeiten.

Schablonen anfertigen

Alle Teile des Motivs mit Schreibmaschinen- oder Transparentpapier vom Vorlagenbogen ohne Überschneidungen abpausen und sorgfältig ausschneiden – fertig sind die Schablonen! Die Schablone auf das gewünschte Material legen, Umrisse mit einem Stift nachziehen und alles ausschneiden. Teile gemäß Vorlage und Abbildung zusammenkleben.

Hinweis: Bei beidseitig gearbeiteten Motiven wird die Schablone für die Rückseite vor dem Aufzeichnen gewendet. Das Motiv wird also einmal seitenrichtig und einmal seitenverkehrt ausgeschnitten bzw. aufgemalt.

Lampenschirmfolie

Wir verwenden für unsere Lichterketten gern einseitig klebende Lampenschirmfolie. Zum Bekleben der Folie mit Transparentpapier die Schutzfolie etwas abziehen. Das Transparentpapier am Rand auflegen und mithilfe einer alten Scheckkarte falten- und blasenfrei anreiben. Die Folie immer ein Stück weiter abziehen und so das ganze Transparentpapier nach und nach anreiben.

Lichterketten

Lichterketten gibt es nicht mehr nur zur Weihnachtszeit, sondern im Bastelfachhandel das ganze Jahr hindurch. Die Auswahl ist mittlerweile sehr vielfältig. Im Buch werden vorwiegend Lichterketten mit zehn Lämpchen in Weiß oder Grün, als Ring oder auch als Strang mit einem Anfang und einem Ende verwendet. Letztere kann man prima dekorieren, weil die Lichterketten sehr lang sind.

Sicherheits-Tipp: Verwenden Sie bitte nur Lichterketten, die mindestens das europäische Sicherheitszeichen CE oder – noch besser – das deutsche GS-Zeichen (=geprüfte Sicherheit) haben.

Im Handel gibt es sowohl Lichterketten für den Innen-, als auch für den Außenbereich. Bedenken Sie dies vor dem Kauf.

Ganz neu sind jetzt die wassergeeigneten LED-Lichterketten. Diese können Sie unbedenklich auch im Wasser verwenden, nicht jedoch das Akku-Gerät mit hineinlegen! Lichterketten niemals unbeaufsichtigt brennen lassen!

Im Safari-Look

→ ziemlich wild

MATERIAL

- 10er Lichterkette im Ring in Weiß
- Lampenschirmfolie in Transparent, einseitig klebend, 50 cm x 60 cm
- Transparentpapier in Tiger-, Leoparden-, Geparden- und Zebra-Muster, je 20 cm x 45 cm
- 10 Marabufedern in Rost
- 10 Perlhuhnfedern in Natur
- Papierdraht in Schwarz, ø 2 mm, 10 x 20 cm lang
- 20 Holzperlen in Orange, ø 8 mm
- Naturbast in Orange

VORLAGENBOGEN 2 A

1 Die Lampenform vom Vorlagenbogen mit den vorgegebenen Löchern auf das jeweilige Transparentpapier übertragen: 3 x Zebra, 3 x Gepard, 2 x Tiger, 2 x Leopard. Dann die Schutzschicht von der selbstklebenden Seite der Lampenschirmfolie abziehen und das Transparentpapier aufbringen. Jetzt die Formen zuschneiden.

2 Zum passgenauen Lochen der Außenränder diese mit doppelseitigem Klebeband aufeinander fixieren und dann lochen. Anschließend das Klebeband wieder entfernen.

3 Zum Zusammenbinden der Lampenformen etwa vier Baststreifen (je 50 cm lang) an einer Seite verknoten und von unten nach oben durch die Lochung ziehen. Dabei das Lämpchen (siehe Vorlagenbogen) mit einbinden. An das Ende oben einen zweiten Knoten setzen und den Rest auf 2 cm kürzen.

4 Auf die Papierdrahtenden jeweils eine Holzperle aufziehen, die Enden spiralförmig aufdrehen, mittig knicken und zusammen mit je einer Marabu- und einer Perlhuhnfeder am oberen Knoten mit Heißkleber fixieren.

Tipp: Für die Locken wickeln Sie den Papierdraht am besten eng um einen Bleistift und ziehen ihn vorsichtig wieder ab. Schon haben Sie schöne, gleichmäßige Spiralen.

Cool gestreift

→ passt in jede Küche

MATERIAL

- 10er Lichterkette im Ring in Weiß
- Lampenschirmfolie in Transparent, einseitig klebend, 30 cm x 45 cm
- gestreiftes Transparentpapier in Orange, Blau und Rot, pro Lämpchen 15 cm x 9 cm (farblich gemischt)
- Satin- und Schleifenband in Orange, Blau und Rot in unterschiedlichen Breiten, z. B. 3 mm, 6 mm und 2,5 cm
- Aludraht, ø 2 mm, pro Lämpchen 20 cm lang

VORLAGENBOGEN 2A

1 Die zugeschnittene Lampenschirmfolie mit den Transparentpapierstückchen bekleben (siehe Seite 3). Die Löcher nach Vorlagenbogen mit einer Lochzange einstanzen, die einzelnen Teile zu einer Röhre drehen und mit Klebefilm zusammenkleben.

2 Den Ring unter dem Lampenhals etwas zurückschieben, über den Aludraht bis zur Hälfte zwischen die beiden Kabel schieben und zweimal um die Kabel wickeln. Die Enden durch die gegenüberliegenden Löcher in der Röhre schieben und zu einer Schnecke drehen.

3 Die Schleifenbänder in unterschiedlichen Stärken mit je 15 cm Länge abwechselnd unten in die Löcher knoten. Dafür das Schleifenband doppelt legen, die Mitte durch ein Loch schieben und die Enden durch die entstandene Schlaufe ziehen.

Kreppblüten

→ blumig und romantisch

MATERIAL

- 10er Lichterkette im Ring in Weiß
- Kreppapier in Gelb, Pink, Rot und Hellgrün, je 50 cm x 50 cm

VORLAGEN-BOGEN 2A

1 Pro Blüte je zwei Blütenblätter in Gelb, Pink, Rot und Hellgrün gemäß der Vorlage zuschneiden. Für die Blüten zuerst die Blätter in Hellgrün, dann die Blätter farblich gemischt übereinander legen und die Mitte etwas zusammenraffen.

2 Den Ring über dem Lämpchen zurückschieben, die Krepppapierblüten bis zur Mitte zwischen die Kabel schieben und um das Lämpchen legen.

3 Die Blüten am Kabelansatz mit einem Stück Silberdraht mehrmals fest umwickeln und die Enden verdrehen. Den Ring wieder zurückschieben und abschließend die einzelnen Blätter dekorativ zurechtzupfen.

Tipp: Das Krepppapier mehrlagig übereinander legen, mit einem Bürohefter zusammentackern und schon können Sie mehrere Blütenblätter auf einmal zuschneiden.

Weihnachtssterne

→ diesen Strauß muss man nicht gießen

1 Die Blüten- und Blätterteile aus dem Modellierfilz zuschneiden, mittig mit einer Lochzange lochen, mit Wasser anfeuchten, evtl. etwas ausdrücken und auf die Lämpchen stecken. Nun die Filzteile zum Lämpchen hin formen und am besten hängend trocknen lassen.

2 Die Blütenteile ausrichten und mit Heißkleber am Lampenhals fixieren. Abschließend noch je fünf Holzperlen ebenfalls mit Heißkleber um die Lämpchen kleben.

Tipp: Arrangieren Sie die Lichterkette zu einem Strauß, das sieht wunderschön aus und ist ein richtiger Hingucker.

MATERIAL

- 10er Lichterkette im Ring in Grün
- Modellierfilz in Rot, 2 x 30 cm x 45 cm
- Modellierfilz in Grün, 30 cm x 45 cm
- 50 Holzperlen in Gelb, ø 6 mm

VORLAGENBOGEN 1A

●●○

Lampe und Lichterkette im China-Look

→ bringen Glück und süße Träume

MATERIAL
LICHTERKETTE

- 10er Lichterkette im Ring in Weiß
- Lampenschirmfolie in Transparent, einseitig klebend, 70 cm x 15 cm
- Strohseide in Weiß, 70 cm x 15 cm
- Tonkarton in Weiß, 20 cm x 15 cm
- 20 Zahnstocher

LAMPE
(mittlere Lampengröße)

- 10er Lichterkette im Ring in Weiß
- Strohseide in Weiß, 50 cm x 35 cm
- Tonkarton in Weiß, 2 x 50 cm x 2 cm
- Drahtgeflecht, 35 cm x 19 cm (Maschengröße, 1,8 cm x 1,8 cm)
- Silberdraht, ø 0,8 mm

VORLAGENBOGEN 1A

Lichterkette

1 Die Strohseide auf die Lampenfolie kleben (siehe Seite 3) und die Formen zuschneiden.

2 Mit einem wasserfesten schwarzen Stift die chinesischen Schriftzeichen auf die Strohseide aufmalen. Nun die Rechtecke mit doppelseitigem Klebeband zu einer Röhre kleben.

3 Oben und unten einen Streifen Tonkarton (15 cm x 1 cm) mit Heißkleber fixieren. In den oberen Rand vier Löcher einstechen und mit den gekreuzt durchgeschobenen Zahnstochern den Lämpchenschirm am Kabel fixieren.

Lampe

1 Die Schriftzeichen mit einem wasserfesten schwarzen Stift auf die Strohseide aufbringen.

2 An den oberen und unteren Rand mit doppelseitigem Klebeband je einen Streifen Tonkarton anbringen. Nun an eine Längsseite einen Streifen doppelseitiges Klebeband setzen und die Strohseide etwas überlappend zu einer langen Röhre kleben.

3 Das Drahtgeflecht zur Rolle (ø 10 cm) biegen und die überlappenden Maschen mit Silberdraht zusammenbinden. Abschließend die Lichterkette in die Drahtröhre stecken und den Lampenschirm darüber setzen.

Hinweis: Die beiden anderen Lampen sind 23 cm und 58 cm hoch gearbeitet, es ändert sich beim benötigten Material nur die Höhenangabe der Strohseide und des Drahtgeflechts.

健康
知足
福

Der Orient lässt grüßen

→ prächtig opulent

MATERIAL

- 10er Lichterkette im Ring in Grün
- Lampenschirmfolie in Transparent, einseitig klebend, 60 cm x 60 cm
- Vlies in Rot geblümt, 25 cm x 1,50 m
- Aluprägefolie in Gold, 0,15 mm stark, A4
- Prägestift und weiche Unterlage
- Folienkleber und Metallfolie in Gold

VORLAGEN-BOGEN 1A

1 Die Vorlage auf die Schutzschicht der Lampenschirmfolie übertragen und ausschneiden. An der gestrichelten Linie vorsichtig nur die Schutzfolie einschneiden. Nun das größere Stück Schutzfolie abziehen und das Vlies aufbringen, die Ränder glatt schneiden.

2 Die Aluprägefolie nach Vorlagenbogen mit einer Schere zuschneiden, auf einen weichen Untergrund legen und das Muster mit dem Prägestift vom Vorlagenbogen übertragen. Die entsprechende Schutzfolie abziehen und die Prägefolie auf die Lampenform kleben.

3 Nun noch die Zierlinien mit dem Folienkleber auftragen und nach dem Trocknen die Metallfolie aufbringen. Abschließend die Schutzfolie von der Klebelasche ziehen, die Spitztüte um das Lämpchen legen und zusammenkleben.

Tipp: Anstelle eines Prägestiftes können Sie auch eine dünne Häkelnadel zum Prägen verwenden.

Weiße Callas

→ wirken sehr edel

MATERIAL

- 10er Lichterkette im Ring in Weiß
- Modellierfilz in Weiß und Hellgrün, je 30 cm x 45 cm
- Folienkleber und Metallfolie in Gold
- Seidenmalfarbe in Hellgrün

VORLAGENBOGEN 1A

1 Die Blüten und Blätter aus dem Filz zuschneiden und mit Wasser anfeuchten, evtl. etwas ausdrücken. Im feuchten Zustand den weißen Filz um das Lämpchen legen, eine plastische Blüte formen und am Lampenhals mit Heißkleber festkleben.

2 Je zwei Blätterteile zwischen die beiden Kabel klemmen und mit dem Ring festhalten.

3 Die Seidenmalfarbe sehr stark mit Wasser verdünnen. Nachdem die Blüten trocken sind, auf den Rand und in die Blütenmitte mit einem Pinsel etwas Farbe geben.

4 Auf den Außenrand der Blüte mit dem Folienkleber eine dünne Linie ziehen und nach dem Trocknen die Metallfolie aufbringen.

Tipp: Bevor Sie die Seidenmalfarbe auf die Blüten auftragen, probieren Sie es zunächst auf einem Reststück aus. So können Sie das Fließverhalten der Farbe auf dem Filz besser beurteilen.

Mond und Sterne

→ schlaf gut und träum was Schönes

MATERIAL LICHTERKETTE
- 10er Lichterkette als Strang in Weiß
- Laternenfolie in Weiß, 50 cm x 70 cm
- Windowcolor-Konturenfarbe in Schwarz
- Windowcolor in Gelb und Orange

LAMPE
- 10er Lichterkette im Ring in Weiß
- spitze Lampenform mit Drahteinsatz, 25 cm x 32 cm
- Laternenfolienrest in Weiß
- Windowcolor-Konturenfarbe in Schwarz
- Windowcolor in Weiß, Gelb, Orange, Rot und Blau
- Aludraht, ø 2 mm, 1 m lang

VORLAGENBOGEN 1B

Lichterkette

1 Mit Konturenfarbe die Konturen der Sternchen auf die Laternenfolie malen und nach dem Trocknen in Gelb und Orange mit den Windowcolor-Farben ausmalen. Dafür Orange an den Rändern auftragen und mit einem Zahnstocher nach innen ins Gelb verziehen.

2 Nach dem Trocknen die Sternchen konturennah ausschneiden. Je zwei Sternchen gegengleich an den seitlichen und unteren Spitzen mit doppelseitigem Klebeband fixieren.

3 Nun noch die Sternchen auf das Lämpchen schieben und mit doppelseitigem Klebeband am Lampenhals befestigen.

Tipp: Passen die Sterne nicht genau übereinander? Kein Problem! Schneiden Sie die Form passgenau zu und malen Sie mit einem wasserfesten schwarzen Stift einfach die Kontur nach. Fällt gar nicht auf – oder?

Lampe

1 Das Motiv mit Windowcolor-Konturenfarbe auf beide Lampenteile malen, die drei Einzelmotive auf die Laternenfolie. Nach dem Trocknen die Motive farbig ausmalen.

2 Wenn alles trocken ist, den oberen Rand der Lampenteile konturennah nachschneiden und die Einzelmotive ausschneiden.

3 Nun die Lämpchen auf beiden Seiten in das Drahtgitter stecken und das Drahtgitter zwischen die Lampenteile legen. Durch das Einfädeln des Aludrahtes werden die Seiten zusammengehalten, dabei die kleinen Wolken mit einbinden. Beim Einbinden des Drahtes auf der zweiten Seite wölben sich die Lampenfolien – da der Gitterdraht schmaler ist – etwas nach außen und die Lampe erhält ihre schöne Form.

4 Drei Enden des Drahtes zur Schnecke, das vierte zur Spirale drehen und das einzelne Sternchen daran aufhängen.

Schneller Reifen

→ Pole Position

MATERIAL

- 10er Lichterkette im Ring in Grün
- 5 teilbare Kunststoffkugeln, ø 8 cm
- Tonkarton in Rot, 50 cm x 70 cm
- Tonkartonrest in Gelb
- Glasmalfarbe in Rot
- Satinkordel in Gelb, ø 4 mm, 10 x 26 cm lang
- Plusterfarbe in Gelb

VORLAGENBOGEN 1A

1 Mit einer Zange die Aufhängeösen der Kugelhälften vorsichtig abbrechen und die Hälften mit der Glasmalfarbe von außen streichen.

2 Alle Tonkartonteile zuschneiden, die Zierlinien mit einem wasserfesten schwarzen Stift und die Punkte mit Plusterfarbe aufbringen.

3 Je ein Lämpchen mit Klebefilm auf der Mützenform fixieren und die getrocknete Halbkugel mit Heißkleber aufkleben. Abschließend noch die Kordel am Rand der Kugelhälfte befestigen und die „1“ aufkleben.

Tipp: Mit dieser Lichterkette wird jedes Autorennen im Fernsehen noch spannender!

Hallo, Winter!

→ Pinguine und Eisbären zum Liebhaben

MATERIAL

- 10er Lichterkette im Ring in Weiß
- Tonkarton in Weiß, 50 cm x 70 cm
- Tonkarton in Schwarz, A3
- Regenbogen-Tonkarton mit Gelb-Orange-Verlauf, 50 cm x 70 cm
- Regenbogen-Transparentpapier mit Gelb-Orange- und Blau-Türkis-Verlauf, 50 cm x 70 cm
- 40 Glas-Halbperlen in Schwarz, ø 5 mm, (bei einseitigem Arbeiten nur 20 Perlen)
- 10 Saugnäpfe für Lichterketten, ø 3 cm
- Glimmer-Effektliner in Weiß-irisierend

VORLAGENBOGEN 2A

1 Alle Motivteile aus Tonkarton zuschneiden. Fünf Eisbären und fünf Pinguine nach Vorlagenbogen arbeiten und das Transparentpapier mit UHU Alleskleber Kraft hinter die Bäuche kleben.

2 Die Augen und alle Zierlinien aufbringen. Bei den Pinguinen das weiße Bauchfell mit dem Glimmer-Effektliner umranden und trocknen lassen.

3 Die Tiere in unterschiedlichen Positionen mit Heißkleber am Lämpchenhals ankleben, die Rückseite deckungsgleich aufbringen und an mehreren Stellen mit doppelseitigem Klebeband fixieren. Je einen großen und kleinen Stern mit Abstandsklebeband übereinander setzen.

4 Die Saugnäpfe zwischen den Figuren am Kabel befestigen und die Sterne darauf fixieren.

Tipp: Eine leuchtende Wanddekoration. Durch die Saugnäpfe können Sie die Lichterkette an glatten Wänden oder am Fenster befestigen.

CD-Lichterkette

→ für die Computerecke

MATERIAL

- 10er Lichterkette als Strang in Weiß
- 20 CD-Rohlinge mit durchsichtiger Mitte
- Alu-Ziehgitter in Silber, Maschengröße 2 mm x 4 mm, pro Lämpchen 10 cm x 3 cm
- 5 teilbare Kunststoffkugeln, ø 5 cm
- Glimmer-Effektliner in Weiß-irisierend
- Wellpappe in Silber, pro Lämpchen 1,5 cm x 15 cm

1 Die Kunststoffkugelhälften von außen mit dem Glimmer-Effektliner betupfen und trocknen lassen.

2 Das Alugitter auf seine Ziehrichtung überprüfen und die Streifen dann so zuschneiden, dass an den kurzen Seiten nach rechts und links die Länge von 10 cm auf 17 cm gezogen werden kann. Den Streifen in der Mitte verdrehen, auf zehn der CDs legen und die überstehenden Enden über den Rand fest nach hinten biegen.

3 Die Ösen der Kugelhälften mit einer Zange zur offenen Seite vorsichtig abbrechen. Einen etwa 2 cm langen Strang Heißkleber auf zwei gegenüberliegende Punkte auf den Kugelrand geben und sofort so auf dem Draht fixieren, dass die Kugel noch etwas Abstand von der CD hält (Lüftungsschlitz).

4 Eine zweite CD mit Abstandsklebeband deckungsgleich von hinten gegen die erste kleben.

5 Um den Lampenhals einen Streifen Wellpappe wickeln und festkleben. Dann das Lämpchen mit Heißkleber in die offene Mitte der CDs kleben, sodass das Lämpchen die Kugelhälfte beleuchtet.

Tipp: Die Lichterkette erzeugt blendfreies Licht – gut geeignet für nächtliche Chat-Stunden! Und für diese Lichterkette können Sie einfach Werbe-CDs verwenden!

Froschkonzert

→ super für ein Sommerfest

MATERIAL

- 10er Lichterkette im Ring für den Außenbereich in Grün
- 3 Mobilefolien, 0,2 mm stark, A3
- Windowcolor-Konturenfarbe in Schwarz
- Windowcolor in Weiß, Gelb, Hellgrün und Grün
- 9 Mini-Holzklammern in Natur, 7 mm x 2,5 cm
- 9 Seiden-Seerosen, ø ca. 7 cm

VORLAGENBOGEN 2A

1 Die Frösche mit Windowcolor-Konturenfarbe nach Vorlage auf die Mobilefolie zeichnen und nach dem Trocknen mit Windowcolor ausmalen. Nochmals trocknen lassen und konturennah ausschneiden.

2 Je einen Frosch und sein Gegenstück mit den Folienseiten aufeinander legen und am unteren Rand mit Heißkleber zusammenkleben.

3 Die unterschiedlichen Froschmotive immer abwechselnd mit Heißkleber am Lämpchenhals fixieren.

4 Nun noch die Seerosen auf die Mini-Holzklammern kleben und zwischen die Frösche an das Kabel klammern.

Tipp: Arbeiten Sie für eine schöne Tisch-Deko ein Motiv zusätzlich. Dekorieren Sie den Frosch zusammen mit zwei Seerosen in einer Schale mit Wasser!

Schwimmende Seerosen

→ Lichterkette im Wasser

MATERIAL

- 20er LED-Lichterkette in Blau, wassergeeignet
- 9V-Blockbatterie
- Moosgummi in Grün, 2 mm stark, A3
- Ölkreide in Dunkelgrün
- 3D-Lack in Transparent
- Jumbo-Trinkhalme, 10 x in Hellblau, 15 x in Hellgrün und 22 x in Dunkelblau

VORLAGENBOGEN 2A

1 Fünf Seerosenblätter aus dem Moosgummi zuschneiden, die Konturen mit der Ölkreide nachziehen und mit dem Finger gut verreiben. Die Trinkhalme je Farbe gleichmäßig nebeneinander legen und mit einem Streifen Klebefilm zu einer Fläche kleben. Den unteren bündigen Rand mit einem langen Streifen durchsichtigem Klebefilm, der noch um die Seiten gelegt werden kann, fixieren.

2 Nun von den Trinkhalmen je fünf Streifen in Hellblau und Hellgrün, jeweils 3 cm hoch und fünf Streifen in Dunkelblau, 3,5 cm hoch, abschneiden. Den unteren Rand jeweils neu mit Klebefilm fixieren. Die oberen Trinkhalmenden zur Klebefläche hin in unterschiedlichen Längen schräg zuschneiden.

3 Abwechselnd drei Lämpchen der Lichterkette mit Klebefilm zusammenfassen und ein Lämpchen einzeln lassen. Etwas Heißkleber auf den Klebefilm des hellblauen Trinkhalmstreifens geben und um die 3er Lämpchen kleben. Dann auf einem Seerosenblatt fixieren. Zuerst die hellgrünen und dann die dunkelblauen Streifen darum kleben. Während des Abkühlens des Heißklebers die Trinkhalme etwas auseinander ziehen.

4 Abschließend mit dem 3D-Lack noch die „Wassertropfen" auf die Seerosenblätter setzen und über Nacht trocknen lassen.

Tipp: Dekorieren Sie die Lichterkette doch in einer großen Schale mit Wasser.

Achtung: Der Schaltkasten mit der Batterie der schwimmenden Lichterkette darf nicht mit in das Wasser!

Bunte Unterwasserwelt

→ passend fürs Badezimmer

MATERIAL LAMPE

- 20er Lichterkette im Ring in Weiß
- Lampenform mit Drahteinsatz, 33 cm x 32 cm
- Transparentpapier in Orange, 33 cm x 32 cm
- Laternenfolie in Weiß, A5
- Windowcolor-Konturenfarbe in Schwarz
- Windowcolor in Weiß, Gelb, Orange, Rotviolett, Hellgrün, Grün und Blau
- Hologrammflimmer in Silber
- Papierdraht in Orange, ø 2 mm, 4 x 40 cm lang

VORLAGEN-BOGEN 2B

Lampe

1 Das Motiv nach Vorlage auf eine Lampenfolie sowie einen Fisch und drei Seesterne auf die Laternenfolie mit Windowcolor-Konturenfarbe aufmalen. Nach dem Trocknen die Motive mit Windowcolor gemäß der Abbildung ausmalen. Bei den weißen Luftblasen in die noch feuchte Farbe etwas Hologrammflimmer streuen.

2 Nach dem Trocknen den oberen Rand entlang der Kontur in Wellenform zuschneiden. Auf die zweite Lampenfolie mit Sprühkleber das Transparentpapier aufbringen.

3 Nun die Lämpchen der Lichterkette gleichmäßig verteilt durch das Drahtgitter stecken, das Kabel unten zu einer Seite enden lassen.

4 Zum Zusammenbinden der Lampe je zwei Papierdrahtstücke zusammenfassen und an einem Ende verknoten. Das Drahtgitter mit den Lichtern zwischen die beiden Folien legen, den Papierdraht durch die Lochung ziehen und am anderen Ende ebenfalls verknoten.

5 Beim Einbinden des Drahtes auf der zweiten Seite wölben sich die Lampenfolien – da der Gitterdraht schmaler ist – etwas nach außen und die Lampe erhält ihre schöne Form.

6 Nun noch die konturennah ausgeschnittenen Einzelmotive mit Abstandsklebeband auf der Motivseite fixieren.

Sicherheitshinweis: Achten Sie darauf, dass weder die Lampe noch die Lichterkette in Ihrem Bad mit Wasser in Berührung kommen!

WEITERFÜHRUNG

Bunte Unterwasserwelt

Lichterkette

1 Die beiden unterschiedlichen Fische je fünfmal mit Windowcolor-Konturenfarbe auf die Mobilefolie malen und nach dem Trocknen mit Windowcolor ausmalen. Nochmals trocknen lassen und konturennah ausschneiden.

2 Das Transparentpapier auf die Lampenfolie kleben (siehe Seite 3). Die einzelnen Fische von hinten an Schwanz, Bauch und Maul mit etwas doppelseitigem Klebefilm versehen und auf der Folienseite der beklebten Lampenfolie fixieren. So die gegengleiche Fischform aus der Lampenfolie ausschneiden.

3 Nun noch etwas Heißkleber oder Kraftkleber auf den Lämpchenhals geben und die Lämpchen von oben in die Fische kleben.

MATERIAL LICHTERKETTE

- 10er Lichterkette als Strang in Weiß
- Mobilefolie, 0,2 mm stark, 30 cm x 60 cm
- Lampenschirmfolie in Transparent, einseitig klebend, 30 cm x 60 cm
- Transparentpapier in Orange, 30 cm x 60 cm
- Windowcolor-Konturenfarbe in Schwarz
- Windowcolor in Weiß, Orange, Hellgrün und Rotviolett

VORLAGENBOGEN 2B

DIESES BUCH ENTHÄLT 2 VORLAGENBOGEN

IMPRESSUM

FOTOS: frechverlag GmbH, 70499 Stuttgart; Fotostudio Ullrich & Co., Renningen
DRUCK: frechdruck GmbH, 70499 Stuttgart

Auflage:	5.	4.	3.	2.	1.	
Jahr:	2008	2007	2006	2005	2004	[Letzte Zahlen maßgebend]

ISBN 3-7724-3317-0
Best.-Nr. 3317